Für Millie Schwanke

STEINBOCK

Im Einklang mit den Sternen leben

STELLA ANDROMEDA

ILLUSTRIERT VON EVI O. STUDIO

GROH

I.

Alles über den Steinbock

II.

Die Welt des Steinbocks

III.

Mehr Astrowissen

Einleitung

Der Giebel des antiken griechischen Apollontempels in Delphi trägt die Inschrift: „Erkenne dich selbst." Sie ist eine der 147 delphischen Maximen, nach denen man leben sollte. Von Gott Apollon selbst soll diese Aufforderung zur Selbsterkenntnis stammen, und später ergänzte sie der Philosoph Sokrates um den Satz: „Ein unerforschtes Leben ist nicht lebenswert."

Der Mensch versucht auf vielfältige Weise, sich selbst kennenzulernen und sein Leben oder die Herausforderungen seines Daseins zu meistern, oft mithilfe von Therapien oder organisierten Glaubenssystemen wie Religionen. Wir wollen auf diesem Weg vor allem die Beziehung zu uns selbst und zu anderen besser verstehen lernen und Mittel finden, die uns das ermöglichen.

Die Astrologie bietet durch ihre symbolische Verwendung der Himmelskonstellationen, also der Darstellung der Tierkreiszeichen, der Planeten und ihrer energetischen Auswirkungen einige Ansätze für das Verstehen der menschlichen Natur und der Erfahrung. Viele Menschen empfinden dieses Wissen und das Potenzial, das darin steckt, als hilfreich, um Denkanstöße für eine erfülltere Lebensweise zu gewinnen.

Was ist Astrologie?

Einfach ausgedrückt, ist Astrologie das Studium und die Deutung des Einflusses, den die Planeten aufgrund ihrer Positionen im Raum zu einem bestimmten Zeitpunkt auf uns Menschen und unsere Welt nehmen können. Die angewandte Astrologie beruht auf einer Kombination aus dem faktischen Wissen über die Besonderheiten dieser Positionen und ihrer psychologischen Interpretation.

Astrologie ist weniger ein Glaubenssystem als eine praktische Lebenshilfe, die uns alte, überlieferte Weisheiten an die Hand gibt. Jeder Mensch kann lernen, die Astrologie für sich zu nutzen – nicht so sehr zum Wahrsagen oder um die Zukunft zu deuten, sondern als Wegweiser zu größerer Einsicht und einer achtsameren Herangehensweise an das Leben. Der richtige Zeitpunkt ist das A und O in der Astrologie. Die Kenntnis der Planetenkonstellationen und ihrer Beziehung zu bestimmten Zeiten zueinander kann uns bei der Wahl des richtigen Moments für manche Lebensentscheidungen helfen.

Zu wissen, wann größere Veränderungen im Leben anstehen können – aufgrund von Planetenkonstellationen wie einem rückläufigen Saturn (siehe S. 103) oder rückläufigen Merkur (siehe S. 104) – oder was eine Venus im siebten Haus bedeutet (siehe S. 85 und 98) und wie das im Licht der spezifischen Eigenschaften des eigenen Sternzeichens zu berücksichtigen ist: Dies alles sind Werkzeuge, die du zu deinem Vorteil nutzen kannst. Wissen ist Macht und die Astrologie kann ihren Teil dazu beitragen, die Höhen und Tiefen des Lebens, aber auch unsere Beziehungen gut zu meistern.

Die zwölf Sternzeichen

Jedes Stern- oder Tierkreiszeichen hat typische Eigenschaften, die den Menschen gemeinsam sind, die in diesem Zeichen geboren wurden. Dieses Zeichen ist dein Sonnenzeichen, das du wahrscheinlich schon kennst – und der übliche Ausgangspunkt, von dem aus wir unseren astrologischen Weg erkunden. Die Eigenschaften des Sonnenzeichens können sich individuell sehr stark zeigen, doch stellen sie nur einen Teil des Ganzen dar.

Wie wir auf andere wirken, wird meist von weiteren Faktoren beeinflusst, die man ebenfalls berücksichtigen sollte. So sind das Zeichen deines Aszendenten und deine Mondstellung genauso wichtig wie dein Sonnenzeichen. Du kannst dir auch dein Gegenzeichen ansehen, um herauszufinden, was deinem Sonnenzeichen vielleicht dazu verhelfen könnte, mehr Balance zu erreichen.

Im ersten Teil dieses Buchs lernst du dein Sonnenzeichen kennen. Im zweiten Abschnitt bist du dazu eingeladen, noch tiefer einzutauchen (siehe S. 74–105) und die Einzelheiten deines Geburtshoroskops zu erforschen. Damit wirst du einen viel größeren Einblick in die zahlreichen astrologischen Einflüsse gewinnen, die sich in deinem Leben zeigen können.

Die Sonnenzeichen

Die Erde braucht 365 Tage (exakt sind es 365,25), um die Sonne zu umrunden. Dabei scheint die Sonne einen Monat lang durch jedes Tierkreiszeichen zu wandern. Dein Sonnenzeichen ist somit das Tierkreiszeichen, in dem die Sonne zum Zeitpunkt deiner Geburt stand. Wenn du dein Sonnenzeichen und die deiner Familie, Freund*innen und Partner*innen kennst, ermöglicht dir das einen guten Einblick in die Charakter- und Persönlichkeitsmerkmale, die du mithilfe der Astrologie entdecken kannst.

Im Übergang geboren

Für Menschen, die gegen Ende des einen oder zu Beginn des nächsten Sonnenzeichens geboren sind, lohnt es sich, ihre genaue Geburtszeit herauszufinden. Astrologisch gesehen gibt es eigentlich keinen Übergang zwischen den Zeichen, denn jedes davon beginnt zu einem festen Zeitpunkt an einem bestimmten Datum, auch wenn dieser von Jahr zu Jahr etwas variieren kann. Wenn du unsicher bist, was dein Sonnenzeichen ist, kannst du es über dein Geburtsdatum, deine Geburtszeit und deinen Geburtsort genau bestimmen. Mit diesen Daten kannst du einen Astrologen aufsuchen oder du lässt sie durch ein Online-Astrologieprogramm laufen (siehe S. 108), um ein möglichst genaues Geburtshoroskop zu erstellen.

Widder

Lat.: Aries

*

21. MÄRZ–20. APRIL

Astrologisch das erste Sternbild des Tierkreises, erscheint der Widder zur Frühjahrs-Tagundnachtgleiche. Kardinales Feuerzeichen; das Zeichen für Anfänge. Herrscherplanet ist Mars, der dafür steht, Herausforderungen dynamisch, energievoll und kreativ zu begegnen. Gegenzeichen: die luftige Waage.

Stier

Lat.: Taurus

*

21. APRIL–20. MAI

Fixes Erdzeichen. Geerdet, sinnlich und den körperlichen Freuden zugewandt, ist der Stier von seinem Herrscherplaneten Venus mit Anmut und einem Sinn fürs Schöne ausgestattet – trotz seiner bulligen Darstellung. Charakteristisch ist seine unbeschwerte, unkomplizierte, wenn auch manchmal sture Lebenseinstellung. Gegenzeichen: das Wasserzeichen Skorpion.

Zwillinge

Lat.: Gemini

★

21. MAI–21. JUNI

Veränderliches Luftzeichen. Zwillinge neigen dazu, beide Seiten eines Problems zu sehen, wobei der Herrscherplanet Merkur ihren schnellen Verstand beeinflusst. Zwillinge scheuen sich häufig vor Verpflichtungen und versinnbildlichen auch eine jugendliche Haltung. Gegenzeichen: der feurige Schütze.

Krebs

Lat.: Cancer

★

22. JUNI–22. JULI

Kardinales Wasserzeichen, dargestellt mit starken Scheren. Der Krebs gilt als gefühlsbetont und intuitiv, er schützt seine Empfindlichkeit mit seiner Schale. Sie verkörpert auch die Sicherheit des Krebs-Zuhauses, dem dieses Zeichen verpflichtet ist. Herrscherplanet ist der mütterliche Mond. Gegenzeichen: das Erdzeichen Steinbock.

Löwe

Lat.: Leo

★

23. JULI–23. AUGUST

Fixes Sonnenzeichen. Der Löwe liebt es zu glänzen. Er ist im Herzen ein Idealist, positiv und über die Maßen großzügig. Löwen-Geborene können vor Stolz brüllen und so zuversichtlich wie kompromisslos sein, mit großem Glauben und Vertrauen in die Menschheit. Herrscherplanet ist die Sonne. Gegenzeichen: der luftige Wassermann.

Jungfrau

Lat.: Virgo

★

24. AUGUST–23. SEPTEMBER

Veränderliches Erdzeichen. Die Jungfrau gilt als aufmerksam, detailorientiert und häufig selbstgenügsam. Die Jungfrau schöpft aus einem scharfen, nicht selten selbstkritischen Intellekt und ist oft sehr gesundheitsbewusst. Herrscherplanet ist Merkur. Gegenzeichen: das Wasserzeichen Fische.

Skorpion

Lat.: Scorpio

★

24. OKTOBER–22. NOVEMBER

Fixes Wasserzeichen. Entsprechend neigt der Skorpion zu intensiven Gefühlen. Sein Tierkreiszeichen verbindet ihn mit der Wiedergeburt nach dem Tod. Herrscherplaneten sind Pluto und Mars. Wegen seiner starken Spiritualität und tiefen Emotionen braucht der Skorpion Sicherheit, um seine Kraft leben zu können. Gegenzeichen: das Erdzeichen Stier.

Waage

Lat.: Libra

★

24. SEPTEMBER–23. OKTOBER

Kardinales Luftzeichen mit Herrscherplanet Venus. Hier dreht sich alles um Schönheit, Gleichgewicht (dargestellt durch die Waage) und Harmonie in einer eher romantischen, idealen Welt. Mit ihrem Sinn für Ästhetik können Waagen sowohl künstlerisch als auch handwerklich sein. Sie schätzen außerdem Fairness und sind oft sehr diplomatisch. Gegenzeichen: der feurige Widder.

Schütze

Lat.: Sagittarius

★

23. NOVEMBER–21. DEZEMBER

Veränderliches Feuerzeichen, bei dem sich geistig wie körperlich alles um Reisen und Abenteuer dreht. Schützen haben eine direkte Herangehensweise, sind optimistisch und stecken voller Ideen. Sie lieben es, freien Lauf zu haben, neigen aber zu Verallgemeinerungen. Herrscherplanet ist der gutwillige Jupiter. Gegenzeichen: die luftigen Zwillinge.

Steinbock

Lat.: Capricornus

★

22. DEZEMBER–20. JANUAR

Kardinales Erdzeichen mit Herrscherplanet Saturn. Der Steinbock gilt als harter Arbeiter und wird von der trittsicheren wie verspielten Ziegenart dargestellt. Er ist vertrauenswürdig und scheut sich nicht vor Verantwortung. Oft sind Steinböcke sehr genügsam und haben die Disziplin für selbstständige Berufe. Gegenzeichen: das Wasserzeichen Krebs.

Wassermann

Lat.: Aquarius

✶

21. JANUAR–19. FEBRUAR

Trotz seiner Darstellung als Wassermann ein fixes Luftzeichen. Es wird beherrscht vom unberechenbaren Uranus, der alte Ideen mit innovativem Denken vom Tisch kehrt. Der Wassermann ist tolerant und weltoffen. Ganz auf Menschlichkeit bedacht, hat er soziale, gewissensgeleitete Ideale. Gegenzeichen: der feurige Löwe.

Fische

Lat.: Pisces

✶

20. FEBRUAR–20. MÄRZ

Veränderliches Wasserzeichen, das stark auf seine Umgebung reagiert. Dargestellt durch zwei Fische, die, in entgegengesetzte Richtungen schwimmend, manchmal Fantasie und Realität verwechseln. Von Neptun beherrscht, ist die Welt der Fische fließend, fantasievoll und empathisch. Fische nehmen oft die Stimmungen anderer auf. Gegenzeichen: das Erdzeichen Jungfrau.

Alles
über
den
1.

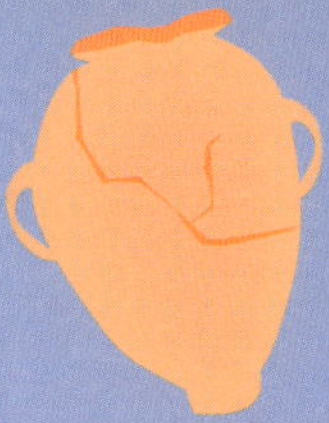

Stein-bock

Das Zeichen, in dem die Sonne zum Zeitpunkt deiner Geburt stand, ist der ultimative Ausgangspunkt, um deinen Charakter und deine Persönlichkeit durch den Tierkreis zu erforschen.

DEIN SONNENZEICHEN

Kardinales Erdzeichen, dargestellt durch die Ziege (mit einem Fischschwanz). Beherrscht von Saturn, dem römischen Gott der Aussaat und Ernte, der schwere Arbeit und das geduldige Warten auf Wiederkehr repräsentiert.

GEGENZEICHEN

Krebs

LEBENSMOTTO

„Ich verwende."

I.

Glücksfarbe

Erdige Brauntöne und dunkles Grün sind die Glücksfarben des Steinbocks, dessen Ideale fest im Hier und Jetzt verwurzelt sind. Trage sie, wenn du dich psychisch stärken willst und eine Portion Mut brauchst. Wenn du nicht in kräftigen Farben auffallen willst, kannst du Accessoires in dunkleren oder helleren Tönen wählen – Schuhe, Handschuhe, Socken, Hüte oder sogar Unterwäsche.

II.

Glückstag

Samstag, der Tag des Saturn, nach traditioneller Zählung der siebte Wochentag und auch der Sabbat-Tag nach dem 2. Buch Mose im christlichen Alten Testament; ein Tag der Ruhe für die gewissenhaften, hart arbeitenden Steinböcke.

III.

Glücksedelstein

Der Granat wird mit Überfluss, Selbstermächtigung und Gedeihen assoziiert und soll mit den kraftvollen, revitalisierenden Energien der Erde in Verbindung stehen. Dazu repräsentiert er Willenskraft und Entschlusskraft, mit denen sich Schwierigkeiten überwinden lassen – typische Steinbock-Eigenschaften.

IV.

Orte

Die betriebsamen, hart arbeitenden Nationen Indien, Bulgarien, Großbritannien, Afghanistan, Haiti und der Sudan sind reich an Steinbock-Eigenschaften. Steinbock-Städte sind unter anderen Oxford, Brandenburg, Delhi, Brüssel, Chicago und Mexiko-City.

V.

Ferien

Einer derart schwer arbeitenden Seele wie dem Steinbock kann es schwerfallen, überhaupt Urlaub zu machen. Er genießt es jedoch, im Kreis von Familie oder Freund*innen aufzutanken. Auch Freiwilligenarbeit in Umweltprojekten für gefährdete Arten oder Sporttraining für Kinder mit Handicap könnten für ihn interessante Ferienprojekte sein. Alternativ liegt Steinböcken auch Bergsteigen oder Felsklettern.

VI.

Blumen

Die langlebige Nelke und auch Stiefmütterchen, in denen sich die umsichtige Art des Steinbocks spiegelt, sind seine Blumen; dazu Efeu, bekannt für seine Kletterkraft.

VII.

Bäume

Große Bergkiefern, die allen Jahreszeiten standhalten, strahlen eine Stärke und Strapazierfähigkeit aus, die den Eigenschaften des Steinbocks entsprechen. Auch die Ulme ist so geradlinig und ausdauernd wie er.

VIII.

Haustiere

Frettchen sind Haustiere, die Steinböcke sehr ansprechen. Sie sind natürlich still, aber neugierig und intelligente, gesellige Haustiere. Sie brauchen genau die liebevolle Fürsorge, die der Steinbock geben kann.

IX.

Feste

Steinböcke mögen formelle Feiern wie große Abendveranstaltungen, bei denen sie sich stilvoll kleiden können, oder einen Ball mit Tanz und kleinem Orchester. Sie sind soziale Seelen und Anlässe wie Silvester oder Hochzeiten verlangen eine gute Festorganisation – worin Steinböcke sich selbst übertreffen können. Was Drinks angeht, so ist ein ehrlicher Grand Marnier on the rocks immer willkommen.

Die Eigenschaften des Steinbocks

Manchmal wird der Steinbock für langweilig gehalten, was ein Fehler ist. Als coole, kreative, ehrgeizige, gründliche Menschen mit einem schrägen Sinn für Humor sind sie bei genauerem Hinsehen genau das Gegenteil. Der Steinbock ist eine interessante Kombination aus der praktischen Orientierung eines Erdzeichens und der starken Initiativkraft durch seine Zugehörigkeit zu den kardinalen Zeichen. Beherrscht von Saturn, dem großen Sternen-Aufseher des Himmels, ist der Steinbock ein echtes Arbeitstier mit GROSSEN, ehrgeizig verfolgten Träumen. Sein Erfolg „über Nacht" kann zehn Jahre erfordern, was widersprüchlich scheint. Doch so ist der Steinbock: Er schuftet, bis er in seinem Bereich den Durchbruch erzielt. Steinböcke kommen hoch hinaus, wie eine trittsichere Bergziege, und immer steckt sorgfältige und kreative harte Arbeit dahinter.

Steinböcke umgibt eine Reserviertheit, die oft fälschlicherweise für Überheblichkeit gehalten wird. Tatsache ist, dass sie Entscheidungen lieber aufgrund von Fakten fällen als wegen eines Bauchgefühls. Dieser Realismus ist ein attraktiver Zug, weil er auch bedeutet, dass sie die Höhen und Tiefen des Lebens nicht fürchten: Sie haben sie im Griff und können damit umgehen, was anderen Vertrauen vermittelt. Manchmal wird dies als dickköpfig interpretiert, was aber nicht stimmt. Der Steinbock muss sich der Dinge sicher sein und nimmt sich Zeit, um alles richtig zu machen. Und vor allem ist er selbst die Person, auf die er sich am meisten verlässt, damit alles klappt.

All dieses Zeitnehmen kann den Steinbock zögerlich wirken lassen. Doch Entscheidungen sind für ihn etwas, was man nie überstürzen sollte. Steinböcke haben auch eine zutiefst private Seite. Dort wirken sie wegen ihrer großen Selbstständigkeit häufig wie Einzelgänger, doch mögen sie es genau wie andere, zu lieben und geliebt zu werden. Wer einen Steinbock gern hat, hat eine*n echte*n, verlässliche*n Freund*in und Partner*in – freundlich und unterstützend, wenn er sich gebunden hat.

Ebenfalls vorhanden und etwas unerwartet beim Steinbock ist sein Sinn für Humor. Er hat eine klare und ironische Sicht auf das Leben, die weder wichtigtuerisch noch spießig wirkt und so erfrischend wie amüsant sein kann. Wie andere Erdzeichen empfinden Steinböcke große sinnliche Freude am Leben. Sie entspannen in der richtigen Stimmung und mit Menschen, die ihnen wichtig sind. Sobald der Steinbock lockerer ist, wozu er sich sicher genug fühlen muss, ist er ein genauso unterhaltsamer Zeitgenosse wie der Rest.

DIE ERDE LOCKERN

Die charakteristischen Eigenschaften jedes Sonnenzeichens lassen sich durch die Qualitäten anderer Zeichen im gleichen Geburtshoroskop ausgleichen (oder manchmal verstärken), insbesondere durch die seines Aszendenten und Mondes. Wenn also jemand seinem Sonnenzeichen nicht zu entsprechen scheint, ist das der Grund dafür. Allerdings werden die ursprünglichen Steinbock-Aspekte immer als wichtiger Einfluss vorhanden sein und die Lebenseinstellung von Steinbock-Geborenen beeinflussen.

Körper und Gesundheit

Körperlich selbstbewusst und motorisch geschickt, wie er ist, bewegt sich der Steinbock meist flink und zielgerichtet, selbstsicher und kraftsparend. Er wirkt körperlich geschmeidig und gut proportioniert, mit direktem Blick und geradlinig. Der Steinbock scheint ein klares Bild davon zu haben, wo er hinwill und wie er dorthin gelangt. Er strahlt eine Energie von solider Sicherheit aus und, wenn er sich nicht bewegt, eine zielbewusste Ruhe, die bestärkend wirkt. Und da dem Steinbock etwas sehr Geerdetes und zugleich Wachsames zu eigen ist, fühlen sich andere Menschen durch seine bloße Anwesenheit sicher.

Gesundheit

Steinböcke haben eine körperliche Stärke, die sie von Natur aus robust und widerstandsfähig macht. Wenn sie krank werden, erholen sie sich meist schnell, zum Teil deswegen, weil sie vernünftig genug sind, um sich ausreichend Erholungszeit zu gönnen. Steinböcke gehören nicht zu den Menschen, die mit hohem Fieber noch unterwegs sind. Dafür sind sie viel zu sozial eingestellt und bleiben lieber zu Hause, um andere nicht anzustecken. Eine Schwachstelle von Steinböcken sind häufig die Knochen und Gelenke (besonders die Knie), was gelegentliche, unfallbedingte Prellungen, Zerrungen oder Brüche mit sich bringt. Im höheren Alter machen bisweilen Arthrose und andere Knochenerkrankungen Ärger.

Sport und Bewegung

Sport fällt Steinböcken leicht. Häufiger sieht man sie die Treppe hinauf- und hinunterlaufen, als den Lift nehmen. Meist ergreifen sie jede Gelegenheit, um Bewegung im Alltag zu integrieren – wie zu Fuß in die Arbeit oder zum Einkaufen gehen –, um ihre allgemeine Gesundheit zu stärken. Sport im Studio, im Sportverein oder Teamsportarten gefallen dem sozial eingestellten Steinbock ebenso. Da er jedoch nicht sehr wettkampforientiert ist, praktiziert er seltener Einzelsportarten wie Tennis.

So kommuniziert der Steinbock

Die volle Aufmerksamkeit eines Steinbocks zu gewinnen, ist nicht schwer, da er immer an Fakten und an einer Einschätzung von Situationen interessiert ist. Er weiß daher, dass Zuhören hilft. Allerdings hört er besser zu, wenn Probleme direkt und ohne viel Darumherumreden angesprochen werden, er will schließlich keine Zweit verschwenden. Dafür wägen Steinböcke als Zuhörer sorgfältig ab, besonders bei für sie wichtigen Angelegenheiten, egal ob im persönlichen oder beruflichen Bereich. Ihre Worte wählen sie meist mit Bedacht.

Der Steinbock ist kein Fan von Small Talk (Flirten eingeschlossen), kann aber mit jedem debattieren, wenn es um wichtige Themen geht, an denen er ein echtes Interesse hat. Steinböcke vergeuden selten Worte rein um des Streits willen. Wenn der Steinbock wirklich interessiert ist, schenkt er dir volle Aufmerksamkeit. Und wenn er dich mag, wird er das durch Taten zeigen. Das Leben ist zu kurz, um Spielchen zu spielen, ist seine Meinung.

Berufe für den Steinbock

Organisation fällt den meisten Steinböcken leicht und sie verstehen die Struktur von Firmen, was in der heutigen Welt ein großes Plus sein kann. Deshalb und wegen ihres geerdeten, sozialen Wesens eignen sie sich gut für die Arbeit in großen Unternehmen. Es stimmt auch, dass sie sich in jedem Unternehmen wahrscheinlich nach oben arbeiten, egal ob sie das beabsichtigen oder nicht. Das größere Bild zu sehen, fällt ihnen leicht, genau wie dann auszutüfteln, wie man es erreicht. Innerhalb von Unternehmen findet man Steinböcke als CEOs, Personalmanager*innen, Finanzplaner*innen oder Wirtschaftsanalytiker*innen. Die Herausforderung für sie ist es, solche Jobs in den Industrie- oder Wirtschaftsunternehmen zu finden, die sie ansprechen, zum Beispiel im Finanz-, Werbe-, Film- oder sogar Lehrbereich.

Jura kann wegen der Notwendigkeit für detailgenaue Betrachtung eine gute Karriere für Steinböcke bieten. Auch Bauberufe, vom praktischen Häuserbau bis zum Gestalterischen als Architekt*in oder Innenarchitekt*in, haben ihren Reiz, genau wie Bühnen- oder Kulissenbau, insbesondere, wenn Budgetoptimierung dazugehört.

So tickt der Steinbock

Von Liebhaber*innen bis zu Freund*innen: Wie kommt der Steinbock mit anderen Sternzeichen zurecht? Das Wissen um andere Zeichen und deren Zusammenspiel kann in der Beziehungsarbeit hilfreich sein, indem es Eigenschaften der Sonnenzeichen offenbart, die harmonieren oder sich reiben können. Dies durch die astrologische Lupe zu verstehen, entpersonalisiert oft potenzielle Reibungspunkte und kann dem, was scheinbar kontrovers läuft, den Stachel nehmen.

Harmonierende Beziehungen scheinen häufig mehr ein Problem zu sein, über das Steinböcke nachdenken müssen, als eine Möglichkeit, die es zu erforschen gilt. Wie sie mit anderen Zeichen harmonieren, hängt jedoch zum Teil davon ab, welche anderen planetarischen Einflüsse in ihrem Geburtshoroskop mitspielen und Aspekte ihre Sonne abschwächen oder verstärken – insbesondere solche, die manchmal kollidieren.

Die Steinbock-Frau

Steinbock-Frauen strahlen oft ein Geschick und eine Fähigkeit aus, die sagen: „Ich bin echt, ich weiß, wohin ich gehe und wie ich dorthin komme.“ Zartbesaitete könnten dies etwas einschüchternd finden! Sie sind zwar sehr zurückhaltend, aber auch sehr romantisch und kritisch bei der Partner*innenwahl. Lieber daten sie niemanden, als Zeit mit der falschen Person zu vergeuden.

BERÜHMTE STEINBOCK-FRAUEN

Michelle Obama ist das Ebenbild der Steinbock-Frau: sehr feminin, entschlossen, klar und mit Humor. Genau wie Catherine, Herzogin von Cambridge, die ein langes Spiel spielte und für ihren Prinzen eisern durchhielt. Die Sängerin Dolly Parton, das Model Kate Moss und die Altmeisterin des britischen Schauspiels, Dame Maggie Smith, sind alle sehr feminine, innerlich starke Steinböcke.

Der Steinbock-Mann

Hinter dem direkten, oft derben Auftreten dieses attraktiven Einzelgängers verbirgt sich viel: Ein Steinbock auf der Karriereleiter hat eventuell keine Zeit für eine große Romanze, selbst wenn sich sein Herz danach sehnt. Es braucht eine*n kluge*n Partner*in, um hinter der Fassade die poetische Seite zu sehen. Oft taucht diese erst auf, wenn sich der Steinbock-Mann in seiner Zuneigung sicher fühlt.

BERÜHMTE STEINBOCK-MÄNNER

Der enigmatische, ehrgeizige David Bowie war ein Arbeitstier, das seinen Träumen treu blieb. Lin-Manuel Mirandas preisgekröntes Musical *Hamilton* hatte erst nach langen Tagen „über Nacht“ Erfolg. Die Schauspieler Bradley Cooper und Eddie Redmayne zeigen ähnliche Steinbock-Züge: Beide treffen interessante Entscheidungen, um ganz nach oben zu kommen.

Wer lieb

t wen?

Steinbock & Widder

Das impulsive Widder-Wesen wird für Steinböcke häufig sofort zum Problem. Sie brauchen Zeit für Entscheidungen und finden es schwierig zu glauben, dass dieses extrovertierte Feuerzeichen sich überhaupt binden kann. Beide sind oft gut befreundet, da sie den gleichen Ehrgeiz teilen.

Steinbock & Stier

Zwei sinnliche Erdzeichen mit vielen Gemeinsamkeiten, die ihre Sicherheit schätzen und das Erschaffen eines Heims genießen. Dazu bewundern beide die Stärken des anderen. Die stetige Zuneigung des Stiers hilft, die Vorsicht des Steinbocks zu überwinden, was Leidenschaft und Romantik blühen lässt.

Steinbock & Zwillinge

Wenn die anfängliche Anziehung verflogen ist, kann es problematisch werden. Die Extravaganz der Zwillinge fordert die konservative Geduld des Steinbocks an fast allen Fronten heraus. Dem Zwilling mit seinem luftigen Wortwitz kann das Erdzeichen hingegen etwas langweilig und plump erscheinen.

Steinbock & Krebs

Als Gegenzeichen im Tierkreis haben beide sich ergänzende Züge. Doch unterscheidet sich das konstante Sicherheits- und Bestätigungsbedürfnis des Krebses von dem des Steinbocks, welches eher mit Geschäftlichem zu tun hat. Beide ziehen sich sexuell stark an, was danach passiert, kann keiner sagen!

Steinbock & Löwe

Selbst bei anfänglicher Anziehung findet der Steinbock die Überschwänglichkeit und egoistischen Züge des Löwen unverständlich und schwer auszuhalten. Die tägliche Bewunderung, die er braucht, ist ein Bedürfnis, das dem zurückhaltenden, feinen Steinbock viel zu fern liegt.

Steinbock & Jungfrau

Beide schätzen die saubere, organisierte Arbeitsweise des anderen, den intellektuellen Stil und die Fähigkeit, hart zu arbeiten, was sie zum harmonierenden Paar macht. Der einzige Nachteil könnte sein, dass die Beziehung durch zu viel beidseitige Zurückhaltung stagnieren könnte.

Steinbock & Skorpion

Eine überraschend gute Kombination trotz beidseitiger Willensstärke. Das Sicherheitsbedürfnis des Steinbocks harmoniert mit dem Besitzanspruch des Skorpions, was die Verbindung stärkt. Wenn ihr Temperament aneinandergerät und die Funken fliegen, befeuert dies außerdem ihre Romantik.

Steinbock & Waage

Das Kunstverständnis, ihre Luxusliebe und die Work-Life-Balance der Waage ziehen den Steinbock zuerst oft an. Später hakt es jedoch im Bereich Verantwortung und Disziplin, wobei die Eifersucht des Erdzeichens nicht gerade hilft.

Steinbock & Schütze

Der Optimismus des Schützen belebt die Reserviertheit des Steinbocks positiv und lässt ihn das Leben leichter nehmen. Mit der Zeit fühlt er sich dadurch jedoch vielleicht nicht ernst genug genommen – ein Problem, dass der Schütze nicht wirklich begreifen kann.

Steinbock & Wassermann

Der unvorhersehbare Wassermann nervt den Steinbock, der Organisation und Zeitpläne bevorzugt, was wiederum den Wassermann aufregt. Immerhin schätzen beide aber ihre gegenseitigen, sehr unterschiedlichen Eigenschaften, was sie gute Freund*innen sein lässt.

Steinbock & Fische

Dies kann reizvoll sein, da der Steinbock findet, dass die Fische-Fantasie seine Träume bereichert, während ihre Fähigkeit, hart zu arbeiten, gemeinsames Engagement beflügelt. Die liebevolle Fische-Art gibt dem Steinbock Sicherheit, was auch im Bett gut funktioniert.

Steinbock & Steinbock

Ihre Übereinstimmung in fast jedem Bereich, von der Arbeit bis zur Geselligkeit und selbst beim Geld, führt zu hundert Prozent gegenseitiger Wertschätzung, die sich auch im Bett gut anfühlt. Ein möglicher Nachteil ist jedoch, dass das Leben eventuell etwas ... langweilig wird.

Love-o-meter für den Steinbock

Perfekter Treffer:
Schütze
Jungfrau
Steinbock
Skorpion
Stier
Fische

Die welt des

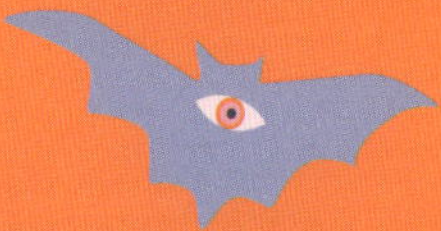

II.

Steinbocks

Dieser Abschnitt führt dich tiefer in die Welt deines Sonnenzeichens. Du erfährst, wie es dich antreiben oder zurückhalten kann, und du kannst anfangen, darüber nachzudenken, wie du dieses Wissen für dich nutzen möchtest.

So wohnt der Steinbock

In ihrem Zuhause mögen Steinböcke Möbel, die dem Sturm der Zeiten widerstehen, wie Familienerbstücke zwischen hochmodernen zeitgenössischen Gegenständen. Sie lieben auch ein Ambiente, das zur Schau stellt, was sie bereits im Leben geschaffen haben, und sind bereit, viel Geld für Dinge auszugeben, die das tun. Der Fokus des Steinbock-Instinkts für kultige Einrichtungsgegenstände liegt eher auf stylisch als bequem, was zu Kompromissen führt. So kann es passieren, dass der moderne Wassily-Sessel eher zum Ansehen als zum Sitzen einlädt, sodass der Steinbock versucht, ihn mit Kissen bequemer zu machen.

Meist ist der Steinbock jedoch Realist genug, um zu wissen, dass ein Heim dafür da ist, um bewohnt zu werden. Und so sehr er handwerkliche Qualität schätzt, will er doch einen Platz, an dem er sich sicher fühlt und wo er nach harter Arbeit entspannen kann. Dieser Platz wird jedoch gut organisiert sein: Zu viel Krimskrams ist verwirrend und Steinböcke mögen es aufgeräumt, wenn auch nicht minimalistisch eingerichtet. Ihre Wohnung erscheint vermutlich farblich gut abgestimmt mit vielen erdigen Steinbock-Naturtönen und sie kennen wahrscheinlich sowohl ein paar Innenarchitekten als auch Hersteller von hochwertigen Farben.

TIPPS FÜR DIE STEINBOCK-SELBSTFÜRSORGE

- Achte regelmäßig auf deine Work-Life-Balance und sei (noch) realistischer.
- Achte auf deinem Weg nach oben darauf, den Spaß nicht zu vernachlässigen.
- Plane Übungen ein, um deine Beinmuskeln weiter stark zu halten.

Selbstfürsorge

Als eines der unabhängigsten Sternzeichen fällt es Steinböcken meist leicht, sich um sich selbst zu kümmern, genau wie um alle anderen, wenn sie schon dabei sind. Weniger gut sind sie darin, sich umsorgen zu lassen, sollte es notwendig sein. Das ist alles gut und schön, bedeutet aber, dass sie sich selbst der größte Feind und dazu übertrieben stoisch sein können, was liebende Menschen um sie herum wütend oder ratlos macht. Dazu kommt, dass sie sich durch ihre extreme Willenskraft manchmal überanstrengen und überfordern. Dann müssen sie eine Auszeit nehmen, um zu regenerieren – was sie hassen. Der schlechteste Patient des Tierkreises könnte durchaus der Steinbock sein!

Bei einem Zeichen, das seine Gedanken so sehr für sich behält, führt dies manchmal zu einer nicht hilfreichen Selbstwahrnehmung. Steinböcke verlangen sich alles ab und stellen dann eventuell fest, dass ihre Energie verbraucht ist und Körper und Geist rebellieren. Bisweilen greifen sie dann zum Alkohol, anstatt sich eine Auszeit zu nehmen oder um Hilfe zu bitten. Meist sind sie aber zu vernünftig, um es so weit kommen zu lassen, oder lernen, einen Gang zurückzuschalten. Sie wissen, dass sie mehr erreichen, wenn sie in Bestform bleiben, als wenn sie vor Erschöpfung umkippen.

DIE STEINBOCK-SPEISEKAMMER

- Ein Glas selbst gemachter Röstknoblauch in Olivenöl verleiht jedem Gericht Tiefe.
- Suppenwürfel für Tage, an denen Hühnerbrühe zu kochen zu viel Aufwand ist.
- Nussiges Supergetreide Amarant: Es ist proteinreich und kann als schneller Snack wie Popcorn „gepoppt“ werden.

Kochen und Essen

Für Steinböcke ist Essen vor allem Energiezufuhr, die ihr betriebsames Leben am Laufen hält. Sie genießen Mahlzeiten, insbesondere mit Familie und Freund*innen, aber Kochen hat keinen hohen Stellenwert. Oft ist ihre Küche gut durchorganisiert, doch ist dies nicht der Platz, an dem Steinböcke ihre Kreativität am besten ausdrücken. Nicht zuletzt, weil ihnen lieber wäre, Essen würde sich vorhersehbar und ordentlich verhalten, ohne potenzielle Alchemie. Wenn ein Rezept nicht funktioniert, sortieren sie es eher aus und bestellen sich Essen nach Hause, anstatt es noch mal auszuprobieren.

Kochen funktioniert für den Steinbock am besten, wenn er genug Zeit hat und alles im Voraus organisieren kann. Offizielle Events passen hierzu eher als spontane Mahlzeiten oder Abendessen in der Küche. Steinböcke können weniger gut ein köstliches Risotto aus Resten zaubern als ein einwandfrei zubereitetes Beef Wellington. Wenn sich allerdings etwas Konkurrenzdenken zum Kochen gesellt, könnte auch der Steinbock in der Küche glänzen.

TIPPS FÜR DEN UMGANG MIT GELD

- Investiere nicht zu konservativ, etwas Risiko ist in Ordnung.
- Plane für die Rente, aber genieße bis dahin auch noch die spaßige Seite des Lebens.
- Nicht vergessen: Gelegentliche Impulskäufe sprengen dein Bankkonto nicht.

Steinböcke und das liebe Geld

Wegen ihrer grundlegenden Sorge um die Sicherheit wollen Steinböcke ihr Leben häufig finanziell gut absichern und sie sind bereit, hart dafür zu arbeiten. Als Folge dieser Einstellung sind sie in Gelddingen in der Regel konservativ und vorsichtig. Zweifellos lohnt sich diese Vorsicht und die meisten Steinböcke verfügen über ein gesundes finanzielles Polster oder werden mit der Zeit sogar reich. Das alte Sprichwort „Wer den Pfennig nicht ehrt, ist den Taler nicht wert“ wurde sicherlich von einem Steinbock in die Welt gesetzt. Steinböcke sind meist risikoscheu: Sie prüfen Investments sehr genau, bevor sie sich darauf einlassen. Den Wert des Geldes verstehen sie besser als jeder andere und auch, dass Geld Erfolg repräsentiert und ein Gut ist, welches sich nutzbringend einsetzen lässt. Steinböcke wissen, wie sie Geld für sich arbeiten lassen können. Sie können natürlich sparsam sein, aber wenn sie einen finanziellen Aktionsplan angehen, wird er sich wahrscheinlich auszahlen.

Steinböcke und ihre Vorgesetzten

Als absolut zuverlässige Mitarbeitende erscheinen Steinböcke pünktlich, wissen, was die Vorgesetzten brauchen und erledigen ihre Arbeit mit minimalem Aufwand. Soweit wird das von den Vorgesetzten auch geschätzt, doch könnte dieses Job-Engagement nur Mittel zum Zweck sein, um selbst den Chefsessel zu ersteigen ... Das berühmte Leistungsvermögen des Steinbocks erreichen andere zwar selten, doch sollten sie sich, was ihre*n Vorgesetzte*n angeht, der Grenzen – und Möglichkeiten – ihrer eigenen Arbeitsrolle bewusst sein.

Hart arbeitende Steinböcke können schnell Karriere machen, wenn sie das beste Arbeitsumfeld für sich selbst gefunden haben. Wahrscheinlich wird das ein eher großes Unternehmen sein, in dem sie sich sicher fühlen. Doch ist ein weiterer Charakterzug von Steinböcken die Fähigkeit, das Wohlergehen des Ganzen über die eigenen Ziele zu stellen, damit das Team gut funktioniert. Sie vergeuden vielleicht nicht gern Zeit in Meetings, aber bei Treffen mit Vorgesetzten kann man sich immerhin gut mit ihnen stellen. Ist dies erst einmal geschafft, wird sich der Steinbock seinen individuellen Weg durch die Büropolitik bahnen, mit Kurs auf seinen eigenen Erfolg.

TIPPS FÜR DEN UMGANG MIT VORGESETZTEN

- Bleibe in Meetings geduldig: Nicht jeder kommt so schnell auf den Punkt wie der Steinbock.
- Mach dir auf deinem Weg nach oben die Chefetage zum Verbündeten, indem du entgegenkommend bist.
- Erinnere deine Vorgesetzten daran, dass du zwar manchmal länger brauchst, aber dass die Ergebnisse für dich sprechen.

TIPPS FÜR EIN LEICHTERES LEBEN

- Gewöhne dich an den Gedanken, dass es dir nichts ausmachen muss, wenn nicht alles genau nach deinem Geschmack abläuft.
- Schwimme manchmal mit dem Strom; Spontaneität ist wichtig.
- Plane auch Zeit für Spaß ein – das Leben ist zum Leben da, nicht nur zur Arbeit.

Wie lebt es sich mit dem Steinbock?

Solange die Wohn- oder Lebenspartner*innen ähnlich eingestellt sind – will heißen, meist zurückhaltend, organisiert und ordentlich –, ist das Zusammenleben mit dem Steinbock einfach. Streit kann es jedoch geben, wenn er nach einem langen Tag nach Hause kommt und feststellt, dass die Spülmaschine nicht richtig eingeräumt ist und die Wäsche herumliegt. Dem Steinbock erscheint es so einfach, alles im Griff zu haben, dass er sich nicht vorstellen kann, warum man das anders handhaben sollte. In seiner Wohngemeinschaft hängt sicherlich ein Arbeitsplan an der Küchenwand. Manchmal fühlen sich Steinböcke verpflichtet, den ganzen Haushalt zu organisieren – nicht nur die Arbeit, sondern auch die sozialen Ereignisse.

Wenn sie nicht gerade auf eine Deadline hinarbeiten und wenn der Abwasch schon erledigt ist, können Steinböcke relativ entspannte Gesellschafter sein. Sie sind von Herzen sozial, mögen Menschen um sich herum und wollen nicht oft allein verschwinden, um ihre Batterien aufzuladen. Planung ist für sie als großzügige Gastgeber*innen wichtig. Sie mögen es lieber, wenn für ihre Gäste alles stimmig ist, als sie überraschend zu bewirten. Wer also spontan vorbeikommt, riskiert vielleicht eine hochgezogene Steinbock-Augenbraue.

Steinböcke und Trennungen

Als Pragmatiker mit sehr praktischer Veranlagung, erscheint der Steinbock oft ziemlich unberührt, wenn seine Beziehung auseinandergeht, egal wer sich trennt: Es funktioniert nicht, also ziehen wir weiter und – typisch Steinbock – viel reden lässt Wunden nur schwer heilen. Schwamm drüber. Doch wahrscheinlich geht es tiefer, als es dem resilienten Steinbock erscheint, immerhin hat er einst einiges investiert, als er sich für die Beziehung entschied. Der*die Expartner*in könnte aus seinem Verhalten schließen, dass es keine Restgefühle mehr gibt, die man würdigen müsste, was aber nicht stimmt. Wenn er geliebt und diese Liebe verloren hat (egal aus welchem Grund), braucht der Steinbock Zeit, um sich zu erholen. Trostromanzen sind nichts für ihn und daran merkt auch der*die Expartner*in, wie viel er*sie ihm einst bedeutete.

TIPPS FÜR EINE LEICHTERE TRENNUNG

- Vergiss das „Ohren-steif-Halten“: Eine Trennung ist traurig, was man gern zeigen kann.
- Denke daran, dass es in Ordnung ist, gelegentlich nur aus Spaß zu daten.
- Schließe eine*n neue*n Partner*in nicht gleich aus, nur weil er oder sie dir nicht sofort in allen Dingen passt.

So will der Steinbock geliebt werden

Sich sicher zu fühlen, ist ein wichtiger Aspekt für die Art und Weise, wie der Steinbock geliebt werden will. Steinböcke sind zwar bei Weitem nicht hilfsbedürftig, doch ist ihre Selbstständigkeit teilweise auch ein Schutz vor Zeitverschwendung, den nur das Gefühl der Sicherheit überwinden kann. Ein*e Verehrer*in muss clever sein, um zu merken, dass emotionale Reserviertheit Teil des „Musterungsprozesses" ist. Erst wenn sich Steinböcke der Person, die ihnen den Hof macht, zu hundert Prozent sicher sind, wird sie mit Interesse belohnt.

Entgegen dem äußeren Anschein ist der Steinbock ein Zeichen, das gern umworben wird. Das heißt, dass er ein idealistisches Verhältnis zur Romantik hegt, sofern sie authentisch ist. Rote Rosen sind genau das Richtige für ihn. Steinböcke sind bezüglich der Beweggründe anderer sehr scharfsinnig und manchmal kann es sich anfühlen, als ob man sich bei ihnen wieder und wieder beweisen müsste. Sie wollen so geliebt werden, wie sie sind, sind aber realistisch genug, um zu wissen, wie schwer es ist, eine*n echte*n Seelenfreund*in zu finden. Dies macht sich an dem großen Wert fest, den sie Beziehungen beimessen. Andererseits wollen sie keine Zeit auf etwas verwenden, das sich eventuell nicht lohnt. Das mag hart klingen, beruht aber nur darauf, dass Liebe dem Steinbock so wichtig ist und er gern auf alles verzichtet, was nicht das Wahre ist.

Romantik ist ihm zwar definitiv wichtig, doch würde er ihr wahrscheinlich keine Priorität über das geben, was für die Zukunft essenziell ist. Ist dieser Mensch der eine für immer? Steinböcke blicken permanent nach vorn und planen entsprechend. Daher wollen sie von jemandem geliebt werden, der ähnlich über eine gemeinsame Zukunft denkt. Angesichts ihrer zurückhaltenden Art muss man wirklich sehr genau aufpassen, um herauszufinden, wie der Steinbock geliebt werden will.

Hier sollte er jedoch eine Balance finden, denn Steinböcke sind, wie andere Erdzeichen, sinnlich veranlagt und genießen körperliche Freuden sehr. Sie wissen, dass dies oft ein Weg ist, um einen anderen Menschen kennenzulernen, und oft sehen sie dies auch ganz realistisch. Für viele Steinböcke ist körperliche Liebe ein direkter Ausdruck geistiger Liebe. Diese erdige Seite kann manchmal überraschen, angesichts ihrer sonst eher vorsichtigen Art. Du kannst aber deinen letzten Cent darauf verwetten, dass sie ihren Schritt erst dann machen, wenn sie die Situation sorgfältig abgewägt haben. Und wenn sie sich erst einmal festgelegt haben, dann mit Haut und Haar und wahrscheinlich für immer.

TIPPS FÜR DIE LIEBE ZUM STEINBOCK

- Lass dir Zeit: Die Liebe zu einem Steinbock ist ein Marathon, kein Sprint.
- Steinböcke sind meist sehr selbstständig, müssen sich aber sicher fühlen, um sich geliebt zu fühlen.
- Wenn du nicht darüber reden kannst (über was auch immer), ist es schwer, sie zu umwerben.

Steinböcke und Sexualität

Steinböcke sind meist erdverbundene, sinnliche Menschen mit starkem Sexualtrieb. Sie fühlen sich wohl in ihrem Körper und zeigen Liebe gern mit fast poetischer Körperlichkeit. Eine schnelle Nummer im Kornfeld ist nichts für sie: Sie wollen sich Zeit lassen, in Komfort, Wärme und bei schummriger Beleuchtung. Es ist nicht so sehr Luxus, den der Steinbock braucht, um sich auszudrücken, sondern Sicherheit. Und dies kann etwas Vorausdenken und Planung erfordern: Für den Steinbock braucht Spontaneität in der Liebe Überlegung und Zeit, was widersprüchlich klingen mag.

Wenn sie sich gebunden haben, bleiben Steinböcke in der Regel sexuell treu und können in dieser Hinsicht auch ziemlich konservativ sein. Und obwohl sie sich gern im Gespräch verführen lassen – mentale Stimulation ist wichtig –, vergeuden sie keine Zeit mehr mit Reden, wenn sie sich einmal für Sex entschieden haben. Sie äußern, was ihnen gefällt und was sie sich wünschen, wenn sie sich erst behaglich und sicher fühlen. Dazu haben Steinböcke gern gleichwertige Liebespartner*innen, die genauso versiert und selbstbewusst sind wie sie selbst. All das mag sich ziemlich anspruchsvoll anhören, wie Steinböcke eben sind, aber wenn die Beziehung sich erst gefestigt hat, lockert sich das alles auf wunderschöne Weise.

Mehr
III.

Astro-wissen

Dein Sonnenzeichen zeigt dir nie das ganze Bild. In diesem Abschnitt erfährst du, wie du weitere Details deines Geburtshoroskops lesen kannst. Damit öffnest du astrologisch neue Fenster.

Dein Geburts-horoskop

Dein Geburtshoroskop ist ein Schnappschuss eines Moments an einem bestimmten Ort zum genauen Zeitpunkt deiner Geburt. Es gilt demnach nur für dich und ist völlig einzigartig. Es ist wie eine Blaupause, eine Landkarte oder eine Aussage über Begebenheiten, die mögliche Charakterzüge und Einflüsse abbilden – aber es ist nicht dein Schicksal. Dein Geburtshoroskop ist nur ein symbolisches Instrument, auf das du dich beziehen kannst, basierend auf den Planetenkonstellationen bei deiner Geburt. Wer keinen Astrologen aufsuchen mag, kann sich sein Geburtshoroskop in wenigen Minuten online erstellen lassen (siehe auch S. 108). Wenn du deine genaue Geburtszeit nicht kennst, reichen das Datum und der Geburtsort zum Erstellen einer ersten, groben Vorlage.

Denke daran, dass in der Astrologie nichts per se gut oder schlecht ist, wie es auch keine expliziten Zeitangaben oder Vorhersagen gibt: Es ist alles eher eine Frage der Einflüsse und wie sich diese positiv oder negativ auswirken könnten. Und wenn wir eine gewisse Einsicht haben und Instrumente, mit denen wir uns unseren Umständen und unserer Umgebung annähern, sie sehen oder interpretieren können, gibt uns das etwas an die Hand, mit dem wir arbeiten können.

Wenn du dein Geburtshoroskop liest, hilft es, zunächst die Mittel der Astrologie zu betrachten, die dir zur Verfügung stehen. Dazu gehören nicht nur die zwölf Zeichen und das, was sie symbolisieren, sondern auch die zehn Planeten, mit denen die Astrologie arbeitet, und deren Eigenschaften sowie die zwölf Häuser und ihre Bedeutung. Einzeln sind diese Instrumente nur von flüchtigem Interesse, aber wenn man anfängt zu sehen, wie sie eventuell nebeneinanderstehen, wird das größere Ganze zugänglicher und man beginnt, Einsichten zu gewinnen, die nützlich sein können.

Allgemein steht jeder Planet für eine andere Energie. Die astrologischen Zeichen schlagen die Art und Weise vor, in denen sich diese Energien ausdrücken können, und die Häuser stellen Erfahrungsfelder dar, in denen dieser Ausdruck wirksam werden kann.

Als Nächstes kommen die Positionen der Zeichen an vier Schlüsselstellen ins Bild: der Aszendent und sein Gegenüber, der Deszendent; die Himmelsmitte (lat.: *Medium coeli*, kurz MC) und ihr Gegenüber, das *Imum coeli* (IC); dazu die Aspekte, die durch Gruppierungen von Zeichen und Planeten entstehen.

Jetzt kannst du sehen, wie hintergründig das Lesen eines Horoskops sein kann, wie unendlich in seiner Vielfalt und überaus individuell. Mit diesem Wissen und einem praktischen Verständnis für die Symbolik und die Einflüsse der Zeichen, Planeten und Häuser deines Profils kannst du beginnen, diese Instrumente als Hilfe bei Entscheidungen und anderen Lebensaspekten heranzuziehen.

Das Horoskop lesen

In deinem von Hand oder per Onlineprogramm angefertigten Geburtshoroskop siehst du einen Kreis, unterteilt in zwölf Segmente. An verschiedenen Punkten sind Informationen gebündelt. Sie geben die Position jedes Tierkreiszeichens an, in welchem Segment es steht und auf wie viel Grad. Unabhängig von den personenspezifisch relevanten Merkmalen ist jedes Horoskop nach dem gleichen Muster aufgebaut, wenn es um die Auslegung geht.

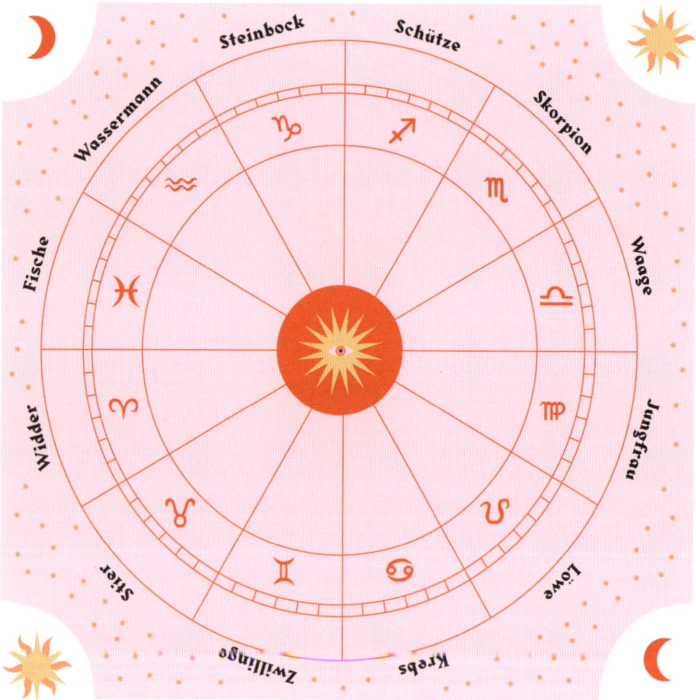

Auf Grundlage von Geburtszeit, Geburtsort und den Planetenkonstellationen zu diesem Zeitpunkt wird das Geburtshoroskop erstellt, auch Radixhoroskop genannt.

Wenn man sich das Horoskop als Ziffernblatt vorstellt, beginnt das erste Haus (siehe S. 95–99) an der 9. Von diesem Punkt aus wird das Horoskop gegen den Uhrzeigersinn durch alle zwölf Kreissegmente hindurch bis zum zwölften Haus gelesen.

Der Anfangspunkt, die 9, ist auch der Punkt, in dem die Sonne bei deiner Geburt aufging. Dies zeigt dir deinen Aszendenten, dein aufsteigendes Zeichen. Gegenüber, an der 3 des Ziffernblatts, liegt dein absteigendes Zeichen, der Deszendent. Deine Himmelsmitte, das MC, liegt auf der 12, ihr Gegenüber, das IC, auf der 6 (siehe S. 101–102).

Wenn wir die Bedeutung der Eigenschaften der astrologischen Zeichen und Planeten, ihre jeweiligen Energien und Positionen sowie die Aspekte zwischen ihnen verstehen, kann dies helfen, uns selbst und die Beziehung zu anderen zu begreifen. Auch im täglichen Leben hilft astrologisches Grundwissen, die wechselnden Planetenkonfigurationen und ihre Auswirkungen besser einzuordnen, genau wie die wiederkehrenden Muster, durch die Chancen und Möglichkeiten mal verringert und mal vermehrt werden können. Mit diesen Einflüssen zu leben und nicht gegen sie, kann das Leben leichter und letztlich auch erfüllter machen.

Der Mond-effekt

Wenn dein Sonnenzeichen dein Bewusstsein, deine Lebenskraft und deinen individuellen Willen symbolisiert, dann steht der Mond für die Seite deiner Persönlichkeit, die du eher geheim oder versteckt hältst. Er ist das Reich des Instinkts, der Intuition, der Kreativität und des Unbewussten, das dich emotional an neue, manchmal nur schwer zu verstehende Orte führt. Dieser Effekt verleiht einer Person Feinheiten und Nuancen, weit über ihr Sonnenzeichen hinaus. So magst du deine Sonne im Steinbock haben, mit allem, was das bedeutet, doch gleicht ihn vielleicht ein empathischer und gefühlvoller Mond im Krebs aus. Oder du hast deine Sonne im offenherzigen Löwen, aber den Mond im Wassermann, mit all seiner rebellischen, emotionalen Distanziertheit.

Die Mondphasen

Der Mond kreist in rund 28 Tagen um die Erde. Wie viel wir von ihm sehen, hängt davon ab, wie viel Sonnenlicht er reflektiert. Dadurch scheint er zu- und abzunehmen. Bei Neumond beleuchtet die Sonne nur ein kleines Stück. Je mehr er zunimmt, desto mehr Licht reflektiert er. Er wird von der Sichel zum zunehmenden Sichelmond und zum ersten Viertel; dann zum zunehmenden Dreiviertelmond und zum Vollmond. Danach nimmt er ab, erst zum abnehmenden Dreiviertelmond, dann zum letzten Viertel. Der Zyklus beginnt erneut. All dies geschieht in einem Zeitraum von vier Wochen. In manchen Kalendermonaten gibt es sogar zwei Vollmonde – *Blue Moon* heißt der zweite im Englischen.

Der Mond bewegt sich jeden Monat auch durch ein neues Tierkreiszeichen, wie wir von unserem Geburtshoroskop wissen. Auch dies bringt uns Informationen: Ein Mond im Skorpion kann ganz anders wirken als ein Steinbock-Mond und je nach dem persönlichem Horoskop kann dies monatlich einen wechselnden Einfluss haben. Wenn in deinem Geburtshoroskop der Mond zum Beispiel in der Jungfrau steht, wird der tatsächliche Mond einen zusätzlichen Einfluss bringen, wenn er in die Jungfrau wandert. Weitere Informationen hierzu findest du auf den Seiten zu den Tierkreiszeichen (siehe S. 12–17).

Der Mondzyklus hat einen energetischen Effekt, den man gut an den Gezeiten erkennen kann. Da der Mond ein Fruchtbarkeitssymbol ist und für unsere tiefere, psychologische Seite steht, können wir dies aus astrologischer Sicht nutzen, um uns eingehender und kreativer auf die Lebensaspekte zu konzentrieren, die uns wichtig sind.

Eklipsen

Allgemein gesagt verschleiert eine Eklipse (Finsternis) Situationen und verhindert, dass Licht auf sie fällt. Astrologisch gesehen ist hierbei wichtig, wo Sonne oder Mond zum Zeitpunkt der Eklipse im Verhältnis zu anderen Planeten stehen. So wird eine Sonnenfinsternis in den Zwillingen einen Zwillinge-Einfluss mit sich bringen oder Zwillinge beeinflussen.

Wenn ein Lebensbereich versteckt oder ins Licht gerückt wird, ist dies eine Einladung, ihm Aufmerksamkeit zu schenken. Bei Eklipsen geht es im Allgemeinen um den Anfang oder das Ende einer Sache. Früher hielt man sie für Omen, wichtige Zeichen, die man beachten musste. Da man Eklipsen berechnen kann, werden sie astronomisch kartiert. Ihre astrologische Bedeutung kann somit im Voraus eingeschätzt werden und man kann deshalb auch im Voraus darauf reagieren.

Die zehn Planeten

In der Astrologie sprechen wir von zehn Planeten (allerdings nicht in der Astronomie, da die Sonne eigentlich ein Stern ist). Jedem Sternzeichen ist ein Herrscherplanet zugeordnet; Merkur, Venus und Mars regieren je zwei Zeichen. Die Eigenschaften der Planeten beschreiben diejenigen Einflüsse, die auf die Zeichen wirken können. Die Gesamtheit dieses Wissens fließt in die Auslegung eines Geburtshoroskops ein.

Mond

Dieses Zeichen formt ein Gegenprinzip zur Sonne und bildet ein Paar mit ihr. Er verkörpert das Weibliche und steht für Geborgenheit und Empfänglichkeit und dafür, wie wir instinktiv und gefühlsmäßig reagieren.

Herrscher von Krebs

Sonne

Verkörpert das Männliche. Sie gilt als lebensentfachende Energie, was auf eine väterliche Energie im Geburtshoroskop hindeutet. Die Sonne symbolisiert unser Selbst oder unseren Wesenskern und unsere Bestimmung.

Herrscher von Löwe

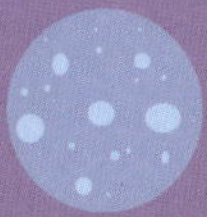

Merkur

Der Planet der Kommunikation. Symbolisiert den Drang, die Gedanken durch Worte zu verstehen und mitzuteilen.

Herrscher von Zwillinge und Jungfrau

Venus

Der Planet der Liebe. Hier geht es um Anziehung, Verbundenheit und Lust. Im Horoskop einer Frau symbolisiert er ihren weiblichen Stil, im Horoskop eines Mannes seine*n ideale*n Partner*in.

Herrscher von Stier und Waage

Mars

Dieser Planet symbolisiert Energie pur (Mars ist der Gott des Krieges), zeigt aber auch, in welchen Bereichen wir am ehesten durchsetzungsfähig, aggressiv oder risikobereit sind.

Herrscher von Widder und Skorpion

Saturn

Wird manchmal der weise Lehrer oder Lehrmeister der Astrologie genannt. Er symbolisiert gelernte Lektionen und Grenzen und zeigt uns den Wert von Entschlossenheit, Zähigkeit und Widerstandsfähigkeit.

Herrscher von Steinbock

Jupiter

Der größte Planet unseres Sonnensystems. Symbolisiert Freigebigkeit und Wohltätigkeit, alles, was expansiv und heiter ist. Wie bei dem Zeichen, über das er herrscht, geht es auch darum, sich auf Reisen und Erkundungen von zu Hause wegzubewegen.

Herrscher von Schütze

Uranus

Symbolisiert das Unerwartete, neue Ideen und Innovation; den Drang, das Alte niederzureißen und das Neue einzuführen. Der Nachteil kann eine Unfähigkeit sein, sich einzufügen, und somit das Gefühl, ein Außenseiter zu sein.

Herrscher von Wassermann

Pluto

Dem Hades (lat.: *Pluto*), Gott der Unterwelt oder Toten, zugeordnet, übt dieser Planet eine mächtige Kraft aus, die unter der Oberfläche liegt und die in ihrer negativsten Ausprägung für Obsessionen und zwanghaftes Verhalten stehen kann.

Herrscher von Skorpion

Neptun

Mit dem Meer verbunden, steht er für die unterhalb liegenden Dinge, unter Wasser und zu tief, um klar erkannt zu werden. Sensibel, intuitiv und künstlerisch, symbolisiert er die Fähigkeit, bedingungslos zu lieben, zu verzeihen und zu vergessen.

Herrscher von Fische

Die vier Elemente

Die Unterteilung der zwölf Sternzeichen in die Elemente Erde, Feuer, Luft und Wasser liefert noch weitere Eigenschaften. Sie wurzelt in der altgriechischen Medizin, die lehrte, dass der Körper aus vier Körperflüssigkeiten oder „-säften" bestand: Blut, gelbe und schwarze Gallenflüssigkeit sowie Schleim. Sie entsprachen den vier Temperamenten sanguinisch, melancholisch, cholerisch und phlegmatisch, den vier Jahreszeiten Frühling, Sommer, Herbst und Winter und den vier Elementen Luft, Feuer, Erde und Wasser.

In der Astrologie beschreiben diese symbolischen Eigenschaften weitere Aspekte der unterschiedlichen Zeichen. C. G. Jung verwendete sie in seiner Psychologie und noch heute bezeichnen wir Menschen in ihrer Lebenseinstellung zum Beispiel als feurig oder luftig oder sagen, sie seien „in ihrem Element". In der Astrologie heißt es, dass Sonnenzeichen des gleichen Elements eine Affinität oder ein Verständnis füreinander haben.

Wie immer in der Astrologie gibt es hierbei Positives und Negatives. Das Wissen um eine „Schattenseite" kann in Bezug auf die Selbsterkenntnis hilfreich sein und auf das, was man vielleicht verbessern oder ausgleichen sollte, besonders im Umgang mit anderen.

Luft

ZWILLINGE ✱ WAAGE ✱ WASSERMANN

Diese Zeichen glänzen im Reich der Ideen. Scharfsinnig und visionär, dabei in der Lage, das große Ganze zu sehen, haben Luftzeichen eine reflektierende Qualität, die Situationen entspannen kann. Zu viel Luft kann Absichten zerstreuen, was Zwillinge unentschlossen machen, die Waage zum Zaudern bringen und den Wassermann teilnahmslos erscheinen lassen kann.

Feuer

WIDDER ✱ LÖWE ✱ SCHÜTZE

Diese Zeichen umgibt Wärme und Energie, eine positive Herangehensweise, Spontaneität und Enthusiasmus, die andere sehr inspirieren und motivieren kann. Nachteilig kann sein, dass der Widder sich gern kopfüber in Sachen stürzt, der Löwe viel Aufmerksamkeit braucht und der Schütze viel redet, aber nichts liefert.

Erde

STIER ✱ JUNGFRAU ✱
STEINBOCK

Typischerweise genießen Erdzeichen sinnliche Freuden, Essen und andere körperliche Befriedigungen. Sie fühlen sich gern geerdet und lassen Taten für ihre Ideen sprechen. Der Nachteil ist, dass Stier-Geborene dickköpfig sein können, Jungfrauen pingelig und Steinböcke verbissen konservativ.

Wasser

KREBS ✱ SKORPION ✱
FISCHE

Wasserzeichen sind sehr reaktionsfreudig, wie die Gezeiten mit Ebbe und Flut, dazu aufmerksam und intuitiv – manchmal sogar über die Maßen, wegen ihrer besonderen Fähigkeit zu fühlen. Der Nachteil ist eine Tendenz, sich überfordert zu fühlen. Dies kann den Krebs so hartnäckig wie selbstschützend werden lassen, Fische wechselhaft in ihrer Aufmerksamkeit und den Skorpion unberechenbar und intensiv.

Kardinale, fixe und veränderliche Zeichen

Zusätzlich zur Unterteilung in die vier Elemente sind die Sternzeichen auch noch auf drei andere Arten gruppiert, die verdeutlichen, wie ihre Energien agieren oder reagieren können. Dies verleiht ihren besonderen Eigenschaften weitere Tiefe.

Kardinal

WIDDER ✱ KREBS ✱ WAAGE ✱ STEINBOCK

Kardinalzeichen sind aktive Zeichen mit der Energie, die Initiative zu ergreifen und Dinge in Gang zu setzen. Der Widder hat die Vision, der Krebs die Gefühle, die Waage die Kontakte und der Steinbock die Strategie.

Fix

STIER ✱ LÖWE ✱ SKORPION ✱ WASSERMANN

Langsamer, aber entschlossener arbeiten diese Zeichen, um voranzukommen; sie halten das am Laufen, was die kardinalen Zeichen initiiert haben. Der Stier bietet körperlichen Komfort, der Löwe Loyalität, der Skorpion emotionale Unterstützung und der Wassermann guten Rat. Auf fixe Zeichen ist Verlass, doch haben sie die Tendenz, sich gegen Veränderungen zu wehren.

Veränderlich

ZWILLINGE ✱ JUNGFRAU ✱ SCHÜTZE ✱ FISCHE

Anpassungsfähig und neuen Ideen, Orten und Menschen gegenüber aufgeschlossen, können sich veränderliche Zeichen leicht auf ihre Umgebung einstellen. Zwillinge sind geistig beweglich, die Jungfrau praktisch und vielseitig. Der Schütze visualisiert Möglichkeiten und die Fische sind empfänglich für Wandel.

Die zwölf Häuser

Das Geburtshoroskop ist in zwöf Häuser unterteilt, die für unterschiedliche Lebensbereiche und -funktionen stehen. Wenn man dir sagt, dass du ein Zeichen in einem bestimmten Haus hast – zum Beispiel die Waage (Gleichgewicht) im fünften Haus (Kreativität und Sexualität) –, kannst du diese Einflüsse interpretieren im Hinblick auf ganz spezifische Hinweise dafür, wie du einen Aspekt deines Lebens angehen könntest.

Jedes Haus ist mit einem Sonnenzeichen, seinem „natürlichen Herrscher", verknüpft und wird so durch Eigenschaften dieses Zeichens repräsentiert.

Drei der Häuser gelten als mystisch und beziehen sich auf unsere innere, übersinnliche Welt: das vierte (Zuhause), das achte (Tod und Wiedergeburt) und das zwölfte (Geheimnisse).

1. Haus

DAS SELBST

BEHERRSCHT VON WIDDER

Haus deiner Persönlichkeit: dein Selbst, wer du bist und wie du dich darstellst, deine Vorlieben, Abneigungen und Lebenseinstellungen. Es beschreibt auch, wie du dich selbst siehst und was dein Ziel im Leben ist.

2. Haus

BESITZ

BEHERRSCHT VON STIER

Haus deiner Besitztümer. Es zeigt, was dir gehört, einschließlich Geld, wie du dein Einkommen verdienst; deine materielle Sicherheit und die reellen Dinge, die dich auf deinem Lebensweg begleiten.

3. Haus

KOMMUNIKATION

BEHERRSCHT VON ZWILLINGE

In diesem Haus geht es um Kommunikation und Geisteshaltung, vor allem darum, wie du dich ausdrückst. Es beschreibt auch deine Beziehung zu deiner Familie, deinen Weg in der Schule oder im Beruf und wie du denkst, sprichst, schreibst und lernst.

4. Haus

ZUHAUSE

BEHERRSCHT VON KREBS

Haus deiner Wurzeln und deines Zuhauses, jetzt, früher und in Zukunft. Es umfasst daher deine Kindheit und die derzeitige häusliche Situation. Es beschreibt auch, was dir dein Zuhause und Sicherheit bedeuten.

5. Haus

KREATIVITÄT

BEHERRSCHT VON LÖWE

Haus von Kreativität, Spiel und Sexualität. Erlaubt auch Rückschlüsse auf Schaffensdrang und Libido in allen Ausprägungen. Es beschreibt außerdem Finanz- und Liebesspekulationen, Spiele, Vergnügen und Zuneigung: Herzensangelegenheiten.

6. Haus

GESUNDHEIT

BEHERRSCHT VON JUNGFRAU

Haus der Gesundheit, sowohl körperlich wie psychisch, und wie stabil sie ist. Auch die Menschen, die uns am Herzen liegen, die wir umsorgen oder unterstützen – von Familienmitgliedern bis hin zu Arbeitskollegen.

7. Haus

PARTNERSCHAFT

BEHERRSCHT VON WAAGE

Der Gegenpol des ersten Hauses. Es spiegelt gemeinsame Ziele und enge Partnerschaften, unsere Wahl des*der Lebenspartner*in und wie erfolgreich unsere Beziehungen sein können. Es beschreibt auch Partnerschaften und Feindschaften im Berufsleben.

8. Haus

WIEDERGEBURT

BEHERRSCHT VON SKORPION

Das Haus steht für den Tod als Wiedergeburt oder spirituelle Transformation. Beschreibt auch Vermächtnisse und das, was du an Persönlichkeitsmerkmalen oder materiell erben wirst. Und da Wiedergeburt Sex braucht, geht es in diesem Haus auch um Sex und sexuelle Gefühle.

9. Haus

REISEN

BEHERRSCHT VON SCHÜTZE

Haus der Fernreisen und Entdeckungsfahrten; es geht auch um die Erweiterung des Horizonts, den das Reisen bringen kann, und wie sich dies ausdrückt. Beschreibt das Verbreiten von Ideen, zum Beispiel in literarischen Werken oder Veröffentlichungen.

10. Haus

BERUFUNG

BEHERRSCHT VON STEINBOCK

Repräsentiert das, wonach wir streben, und unseren Satus; wie wir öffentlich angesehen sein wollen (oder nicht), unsere Ambitionen, unser Image und was wir im Leben aus eigener Kraft erreichen wollen.

11. Haus

FREUNDSCHAFTEN

BEHERRSCHT VON WASSERMANN

Haus der Freundesgruppen und Bekannten, Visionen und Ideen. Es geht weniger um unmittelbare Befriedigung, sondern um langfristige Träume und wie diese durch unsere Fähigkeit, harmonisch mit anderen zusammenzuarbeiten, erreicht werden können.

12. Haus

GEHEIMNISSE

BEHERRSCHT VON FISCHE

Gilt als spirituellstes Haus. Das Haus des Unbewussten, der Geheimnisse und dessen, was verborgen ist; die „Leiche im Keller". Spiegelt auch die geheimen Wege, auf denen wir uns selbst sabotieren oder unsere Kräfte kleinhalten, indem wir sie nicht ausschöpfen.

Der Aszendent

Der Aszendent, auch als aufsteigendes Zeichen bekannt, ist das Tierkreiszeichen, das am Tag deiner Geburt am östlichen Horizont erschien, je nachdem, an welchem Ort und zu welcher Zeit dies passierte. Er liefert Informationen über die Aspekte deines Charakters, die sich mehr nach außen hin offenbaren, wie du dich präsentierst und von anderen gesehen wirst.

Die Geburtszeit zu kennen, ist somit ein nützlicher Faktor in der Astrologie. Selbst wenn dein Sonnenzeichen Steinbock ist, kannst du also mit aufsteigendem Krebs mütterlich wirken und dich auf die eine oder andere Weise spürbar für das häusliche Leben engagieren.

Dein Aszendent – oder der anderer Personen – hilft oft auch zu erklären, warum die eigene Persönlichkeit so wenig mit dem Sonnenzeichen zusammenzupassen scheint.

Wenn du deine Geburtszeit und deinen Geburtsort weißt, kannst du deinen Aszendenten problemlos online oder in einer App ausrechnen lassen (siehe S. 108). Frage einfach deine Mutter oder andere Familienmitglieder danach. Manchmal steht die Geburtszeit auch in der Geburtsurkunde. Wenn du dir das Horoskop als Ziffernblatt vorstellst, ist der Aszendent auf der Neun-Uhr-Position zu sehen.

Der Deszendent

Der Deszendent weist auf einen möglichen Lebenspartner hin, basierend auf der Vorstellung, dass Gegensätze sich anziehen. Wenn du deinen Aszendenten kennst, ist der Deszendent leicht zu berechnen, da er genau sechs Zeichen entfernt ist: Bei einem Jungfrau-Aszendenten wäre der Deszendent also Fische. Wenn du dir das Horoskop als Ziffernblatt vorstellst, ist der Deszendent auf der Drei-Uhr-Position zu sehen.

Die Himmelsmitte (MC)

Auf deinem Geburtshoroskop ist auch die Himmelsmitte eingezeichnet (MC, von lat.: *Medium coeli*). Sie weist auf deine Einstellung zu Arbeit, Beruf und beruflichem Ansehen hin. Wenn du dir das Horoskop als Ziffernblatt vorstellst, ist das MC auf der Zwölf-Uhr-Position eingezeichnet.

Die Himmelstiefe (IC)

Dann gibt es noch das IC in deinem Horoskop (von lat.: *Imum coeli*, „Himmelstiefe"). Es weist auf deine Haltung gegenüber deinem Zuhause und deiner Familie hin und hat auch einen Bezug zum Ende deines Lebens. Das IC ist sechs Zeichen vom MC entfernt. Wenn dein MC Wassermann ist, ist dein IC Löwe. Wenn du dir das Horoskop als Ziffernblatt vorstellst, ist das IC auf der Sechs-Uhr-Position eingezeichnet.

Rückläufiger Saturn

Saturn ist einer der langsamsten Planeten: Er braucht 28 Jahre, um einmal um die Sonne zu kreisen und an den Punkt zurückzukehren, an dem er zum Zeitpunkt deiner Geburt stand. Diese Rückkehr kann sich über zwei bis drei Jahre erstrecken und macht sich oft in den Zeiten um deinen 30. und 60. Geburtstag stark bemerkbar, die oft als bedeutende „Meilensteine" gelten.

Da die Saturnenergie bisweilen als anstrengend empfunden wird, sind das nicht immer leichte Lebensabschnitte. Saturn gilt als weiser Lehrer oder harter Lehrmeister: Der Saturneffekt wird oft als „zum Glück zwingen" empfunden – so wie viele gute Lehrer argumentieren. Er hält uns wie ein strenger Personal Coach auf der Spur.

Die Saturnrückkehren erlebt jeder Mensch individuell. Sie sind immer eine gute Zeit, Bilanz zu ziehen, Dinge im Leben loszulassen, die einem nicht mehr nutzen, die Erwartungen zu revidieren und ohne Ausreden das im Leben aufzunehmen, von dem man gern mehr hätte. Wenn du also dieses Lebensereignis gerade erlebst oder erwartest, solltest du es begrüßen und damit arbeiten. Denn was du jetzt lernst – vor allem über dich selbst –, ist wissenswert, so turbulent es auch sein mag. Es kann sich für die nächsten 28 Jahre lohnen!

Rückläufiger Merkur

Selbst Menschen mit wenig Interesse an Astrologie bemerken es oft, wenn der Planet Merkur rückläufig ist. Als „Rückläufigkeit“ bezeichnet man Zeiten, in denen Planeten wie der Merkur stationär sind, aber sich in die Gegenrichtung zu bewegen scheinen, weil die Erde sich weiterdreht. Vorher und nachher kommt es zu einer „Schattenperiode“, die auch etwas turbulent sein kann. Der Planet scheint dabei erst langsamer und dann wieder schneller zu werden. Generell ist es ratsam, während der Rückläufigkeit keine wichtigen Schritte in Bezug auf Kommunikation zu unternehmen. Und wenn doch, sollte man im Kopf haben, dass sie sich später wieder ändern können.

Da Merkur der Planet der Kommunikation ist, zeigt sich schnell, warum seine Rückläufigkeit und ihre Verbindung mit Kommunikationsfehlern problematisch ist: zum Beispiel auf altmodische Weise, wenn ein Brief in der Post verloren geht, oder moderner, wenn der Computer abstürzt.

Ein rückläufiger Merkur kann auch das Reisen beeinträchtigen und es gibt Flug- oder Zugverspätungen, Staus oder Unfälle.

Dazu beeinflusst er die persönliche Kommunikation: Hören, Sprechen, (Nicht-)Gehört-Werden. Dies kann Durcheinander oder Streit verursachen. Er kann sich auch auf formellere Vereinbarungen wie Kaufverträge auswirken.

Merkur ist drei- bis viermal pro Jahr über etwa drei Wochen rückläufig, mit Schattenperioden vorher und nachher. Die Zeitrahmen seiner Rückläufigkeiten bedeuten auch, dass sie in einem bestimmen Sternzeichen passieren. Wenn er zum Beispiel zwischen 25. Oktober und 15. November rückläufig wäre, würde sein Effekt Skorpion-Eigenschaften haben. Auch Menschen mit Skorpion-Sonne oder einem starken Skorpion-Aspekt in ihrem Geburtshoroskop könnten stärker betroffen sein.

Die Termine, zu denen der Merkur rückläufig ist, findet man online, in astrologischen Tabellen oder Ephemeriden. Hier kann man sehen, ob man diese Zeiten für die Planung von Ereignissen meiden sollte, da sie potenziell betroffen sein könnten. Um festzustellen, wie der rückläufige Merkur dich persönlich angehen könnte, musst du dein Geburtshoroskop kennen und dessen spezifischere Kombinationen aus Zeichen- und Planeteneinflüssen.

Wenn du leichter durch einen rückläufigen Merkur kommen willst, sollte dir bewusst sein, dass Pannen passieren können. Rechne also mit Verzögerungen und überprüfe Details lieber doppelt. Bleibe angesichts von Verzögerungen positiv gestimmt und nimm solche Zeiten als Chance für Entschleunigung. Blicke zurück oder überdenke Ideen in Beruf oder Privatleben. Nutze die Zeit, um Fehler zu korrigieren oder Pläne umzugestalten, damit du vorbereitet bist, wenn sich die festgefahrene Energie erneut bewegt und du wieder fließender vorankommst.

Lesetipps

Die zwölf Archetypen: Tierkreiszeichen und Persönlichkeitsstruktur (2011) von Brigitte Hamann; erschienen bei KnaurMensSana

Astrologie für Dummies (2020) von Rae Orion; erschienen bei Wiley-VCH Verlag GmbH & Co. KGaA

Astrologie für den Alltag (2021) von Carole Taylor; erschienen bei DK Verlag Dorling Kindersley

Das Astrologiebuch (2004) von Michael Roscher; erschienen im bei Chiron

Webseiten

astro.com

astrologyzone.com

jessicaadams.com

shelleyvonstrunkel.com

Apps

Astrostyle

Co-Star

Susan Miller's Astrology Zone

The Daily Horoscope

The Pattern

Time Passages

Danksagung

Mein besonderer Dank geht an mein treues Stier-Team. Zuerst an Kate Pollard, Publishing Director bei Hardie Grant: für ihre Leidenschaft für schöne Bücher und für die Beauftragung dieser Reihe. An Bex Fitzsimons für ihr gutlauniges, gründliches Redigieren. Und schließlich an Evi O. Studio, deren Illustrationen und Design kleine Kunstwerke entstehen ließen. Mit einer solchen „Sternenbesetzung“ können diese Bücher nur glänzen – dafür sage ich Danke!

Über die Autorin

Stella Andromeda arbeitet seit über 30 Jahren als Astrologin. Sie ist davon überzeugt, dass die Kenntnis der Himmelskonstellationen und deren Potenzials psychologischen Interpretationen ein wertvolles Instrument bieten kann. Die Vermittlung ihres Wissens in dieser Buchform macht moderne Erkenntnisse über uralte astrologische Weisheiten leicht zugänglich und begeistert für Stella Andromedas Haltung, dass Reflexion und Selbsterkenntnis uns im Leben nur stärker machen. Mit ihrem Sonnenzeichen Stier, dem Aszendenten im Wassermann und einem Mond im Krebs lässt sie sich auf ihrer astrologischen Reise von Erde, Luft und Wasser inspirieren.

Text © Stella Andromeda
Illustrationen © Evi O. Studio

Für die deutsche Ausgabe:
Satz und Redaktion: bookwise GmbH
Übersetzung: Martina Walter
Gesamtherstellung: Leo Paper Products Ltd.

Aus Verantwortung für die Umwelt hat sich die Verlagsgruppe Droemer Knaur zu einer nachhaltigen Buchproduktion verpflichtet. Der bewusste Umgang mit unseren Ressourcen, der Schutz unseres Klimas und der Natur gehören zu unseren obersten Unternehmenszielen. Gemeinsam mit unseren Partnern und Lieferanten setzen wir uns für eine klimaneutrale Buchproduktion ein, die den Erwerb von Klimazertifikaten zur Kompensation des CO2-Ausstoßes einschließt. Weitere Informationen finden Sie unter: www.klimaneutralerverlag.de

Steinbock
ISBN 978-3-8485-0092-5
Ursprünglich veröffentlicht unter dem Titel: Capricorn

www.groh.de

FSC www.fsc.org
MIX
Paper from responsible sources
FSC™ C020056

1 2 3 4 5